50 petiscos veganos

50 petiscos veganos

Delícias de boteco para saborear em casa

Katia Cardoso

Fotos de Cesar Godoy

Copyright © 2018 Katia Cardoso
Copyright desta edição © 2018 Alaúde Editorial Ltda.

Todos os direitos reservados. Nenhuma parte desta edição pode ser utilizada ou reproduzida – em qualquer meio ou forma, seja mecânico ou eletrônico –, nem apropriada ou estocada em sistema de banco de dados sem a expressa autorização da editora.

O texto deste livro foi fixado conforme o acordo ortográfico vigente no Brasil desde 1º de janeiro de 2009.

Desenvolvimento de receitas e produção de objetos: Katia Cardoso

Produção culinária: Verônica Silva

Revisão: Claudia Vilas Gomes, Marília Chaves

Capa e projeto gráfico: Rodrigo Frazão

Adaptação de capa: Cesar Godoy

1ª edição, 2018 (1 reimpressão)
Impresso no Brasil

2019
Alaúde Editorial Ltda.
Avenida Paulista, 1337
conjunto 11, Bela Vista
São Paulo, SP, 01311-200
Tels.: (11) 3146-9700 / 5572-9474
www.alaude.com.br

A autora gostaria de agradecer às seguintes empresas pelo empréstimo do material utilizado na produção das fotos:

Cerâmica Patrícia Henriques (https://ceramicapatriciahenriques.wordpress.com), bowls, pratos, pássaros, jarros;

Cerâmicas da Cris (www.ceramicasdacris.com), pratos, xícaras, canecas;

Loja Paiol (www.facebook.com/paiol.loja), guardanapos, jogos americanos, toalhas de mesa;

Mondial (www.mondialine.com.br), fritadeira elétrica;

My Drap (www.mydrap.com.br), guardanapos;

Olaria Paulistana (www.olariapaulistana.com.br), todos os fundos de madeira, colheres, pinguins, bandejas, pratos, bowls.

Dados Internacionais de Catalogação na Publicação (CIP)
(Câmara Brasileira do Livro, SP, Brasil)

Cardoso, Katia
50 petiscos veganos : delícias de boteco para saborear em casa / Katia Cardoso ; fotos de Cesar Godoy. -- São Paulo : Alaúde Editorial, 2018.

ISBN 978-85-7881-500-4

1. Aperitivos 2. Culinária vegana 3. Entradas (Culinária) 4. Receitas I. Godoy, Cesar. II. Título.

17-11471   CDD-641.5636

Índices para catálogo sistemático:
1. Aperitivos : Receitas veganas : Culinária 641.5636

Sumário

- **6**   Escolhas mais saudáveis e sustentáveis
- **8**   Receitas básicas
- **11**   Tabela de conversão de medidas
- **13**   **Caldinhos e petiscos**
  Para abrir os trabalhos
- **45**   **Bolinhos e salgadinhos**
  Pequenas porções com muito sabor
- **73**   **Antepastos e sandubas**
  Delícias para saciar o apetite
- **97**   **Pizzas, pães e burgers**
  Para comer com a mão e ser feliz
- **113**   **Pratos com sustança**
  Porque ninguém é de ferro!
- **130**   Glossário
- **134**   Índice alfabético das receitas

Escolhas mais saudáveis e sustentáveis

Nossa história está intimamente ligada aos bons momentos que passamos ao redor da mesa com parentes, amigos e agregados de todo tipo. Por mais avessa à companhia que uma pessoa seja, sempre vai trazer na memória pelo menos um momento especial que envolva alimentos e amor.

Na verdade, comer é o ato mais instintivo e básico de qualquer ser vivo. Tem quem ame tanto esses encontros que organiza happy hour com frequência só para cercar-se de gente que a deixa feliz. É para essas pessoas que este livro foi feito. Nele, você encontra os melhores petiscos para as suas reuniões. São 50 quitutes inspirados nos mais tradicionais botecos de norte a sul do País – só que em versão vegana e, claro, como é a linha de que eu gosto, muito saudáveis! Os bolinhos, caldinhos, sandubas e pratos ensinados aqui podem frequentar sua mesa em qualquer momento do dia ou ocasião.

A grande novidade, agora, é o reaproveitamento nas receitas de talos e folhas que habitualmente teriam o lixo como destino. Acredito que, ao cozinhar, é importante prestar atenção ao desperdício de alimentos. Dados da Organização das Nações Unidas mostram que 45% de frutas, legumes, raízes e tubérculos produzidos no mundo são desperdiçados. Sabe o tamanho do território necessário para produzir esse montante de comida? Mais de 1,4 bilhão de hectares – algo como os Estados Unidos, a Índia e o México juntos!

Em geral, esse tipo de informação passa longe dos nossos olhos. Mas é muito importante pensarmos nisso quando optamos pelo veganismo. A essência dessa filosofia é o respeito a todas as formas de vida e também à Terra. Só temos um planeta para habitar e seus recursos estão se exaurindo por uma série de condutas e decisões equivocadas e cruéis da humanidade (pecuária, uso de pesticidas, agrotóxicos etc.). Portanto, cabe a cada um de nós fazer uma escolha consciente do que levar para a nossa cozinha e seguir essa opção no dia a dia.

    Por isso, convido você a olhar para os alimentos de uma forma diferente e mais sustentável. Cascas de frutas, sobretudo as orgânicas, podem virar deliciosos sucos e chás. Talos, ramas e folhas de legumes se transformam em bolinhos. A casca de legumes como a cenoura podem dar mais cor e sabor a uma receita de arroz, por exemplo. Compreendeu a importância das suas escolhas? Além de melhorar o valor nutricional de seus pratos, você vai acrescentar mais cor e sabor à sua vida.

    Outra dica importante é sobre fritar os alimentos. Como moro em apartamento e não gosto de cheiro de frituras, praticamente as aboli da minha vida. Em casa, nunca faço. Por isso, até os bolinhos deste livro são preparados no forno ou, no máximo, são feitos com um fio de azeite em uma fritadeira elétrica.

    Quem gosta pode prepará-los fritos. Mas vale aqui uma ressalva: cuidado com o descarte do óleo usado nas frituras de imersão. Esse ingrediente deve ser levado a postos específicos de coleta, pois, se jogado pelo ralo da pia, por exemplo, pode entupir a tubulação, fazendo com que seja necessário o uso de produtos químicos para resolver o problema.

    Além disso, pode seguir para os rios e comprometer a vida de várias espécies. Estima-se que 1 litro de óleo usado pode contaminar até 20 mil litros de água. Se parar no solo, ajuda a impermeabilizá-lo, contribuindo para enchentes e, ao se decompor com outras substâncias, libera metano – que tem cheiro ruim e agrava o efeito estufa. Entendeu o alcance das suas decisões?

    Neste livro, convido você a lançar um novo olhar para o reaproveitamento de alimentos – mudando também sua forma de se relacionar com a comida e o meio ambiente. O primeiro passo você já deu, tornando-se vegano. Agora, é a vez de subir mais um degrau no compromisso de tornar este mundo um lugar mais sustentável e amigável para se viver. Vamos lá?

    Um beijo carinhoso,

Katia Cardoso

Receitas básicas

Estas preparações são usadas em diversos pratos do livro, mas você também pode utilizá-las para incrementar as suas próprias criações

molho cremoso de castanha-de-caju

1 xícara de castanha-de-caju crua sem sal
¼ de xícara de azeite extra virgem
1 colher (chá) de mostarda em grãos
2 colheres (sopa) de leite de aveia
2 colheres (sopa) de suco de limão-siciliano coado
sal, pimenta-do-reino branca moída na hora e lemon pepper a gosto

Deixe a castanha de molho em água filtrada suficiente para cobri-la por uma noite. No dia do preparo, escorra bem e ponha no liquidificador com os demais ingredientes. Bata bem até virar uma mistura cremosa. Use em seus sanduíches ou como base para outros molhos.

Esta receita fica com a mesma textura da maionese e pode ser usada como substituto caseiro das versões veganas e industrializadas desse molho.

molho de tomate caseiro

1 kg de tomates italianos grandes bem maduros
1 fio de azeite
2 dentes de alho pequenos sem casca ralados
1 talo de alho-poró em rodelas finas
sal e pimenta-do-reino branca moída na hora a gosto
1 ramo grande de manjericão roxo fresco
uma pitada de canela em pó

No liquidificador, bata os tomates até virarem um caldo espesso. Reserve. Aqueça o azeite em uma panela e refogue o alho e o alho-poró até ficarem transparentes. Ponha o tomate batido e tempere com o sal, a pimenta, o manjericão e a canela. Mexa bem. Tampe a panela e leve ao fogo baixo por 35 minutos, mexendo às vezes, ou até o líquido se reduzir. Descarte o manjericão e use em suas receitas.

Conserve em geladeira em recipiente com tampa, por até 1 semana.

tofu marinado

½ xícara de vinho branco vegano
1 xícara de azeite extra virgem
3 colheres (sopa) de suco de limão-siciliano coado
sal e lemon pepper a gosto
1 xícara de manjericão fresco (só as folhas)
200 g de tofu fresco bem lavado e escorrido, cortado em cubos

Ponha todos os ingredientes no liquidificador, exceto o manjericão e o tofu, e bata bem. Adicione o manjericão e bata mais um pouco, sem triturar a erva totalmente. Transfira para uma tigela e adicione o tofu. Reserve, tampado, por 2 horas, no mínimo. Escorra bem o tofu, descartando os pedaços de manjericão que grudarem no alimento e use-o em suas receitas.

Se quiser fazer o tofu empanado, preaqueça o forno a 180 ºC. Passe os cubos de tofu no gérmen de trigo e disponha-os sobre uma assadeira forrada com papel-alumínio, levemente untado com azeite. Asse por 30 minutos ou até dourarem (vire na metade do tempo).

leite de nozes

1 xícara de nozes sem casca
3½ xícaras de água filtrada

Numa tigela, ponha as nozes e 2 xícaras de água filtrada. Cubra e reserve por uma noite. No dia do preparo, escorra bem e descarte a água do remolho. Ponha as nozes no liquidificador e cubra com a água restante. Bata bem até virar um molho denso e passe por um coador de voal. Esprema bem e use em suas receitas.

ketchup caseiro

5 tomates grandes maduros orgânicos (500 g)
1 fio de azeite
1 dente de alho sem casca ralado
1 cebola pequena sem casca ralada
1 pedaço de gengibre de 3 cm bem ralado
½ xícara de vinagre de maçã
1 colher (sopa) de açúcar demerara
uma pitada de sal
7 cravos-da-índia
1 pau de canela grande

Corte o tomate em pedaços e coloque no liquidificador com a pele e as sementes. Bata bem até virar um caldo espesso. Reserve. Aqueça o azeite em uma panela média e ponha o alho, a cebola e o gengibre. Refogue por 2 minutos, mexendo. Acrescente o vinagre e o açúcar. Mexa bem até o açúcar se dissolver. Adicione o sal e as especiarias. Deixe apurar em fogo baixo por 2 minutos. Junte o tomate batido e mexa bem. Tampe a panela e cozinhe em fogo baixo, mexendo às vezes, por 35 minutos ou até o líquido se reduzir. Retire as especiarias e guarde em um recipiente com tampa por até 5 dias.

Este molho fica com um sabor muito próximo ao do ketchup industrializado, mas tem a vantagem de não ter conservantes ou outros aditivos químicos.

creme de leite de castanha-de-caju

1 xícara de castanha-de-caju crua sem sal
3 xícaras de água filtrada
uma pitada de sal
½ colher (chá) de suco de limão coado

Numa tigela, ponha a castanha com 2 xícaras de água filtrada. Cubra e reserve por uma noite. No dia do preparo, escorra bem e descarte a água do remolho. Ponha a castanha no liquidificador e cubra com a água restante. Tempere com o sal e o suco. Bata bem até virar um molho denso. Use em suas receitas.

Se quiser, prepare a mesma receita usando nozes. É só substituir a castanha pela mesma quantidade dessa oleaginosa.

Tabela de conversão de medidas

açúcar demerara
1 xícara 230 g
1 colher (sopa) 14,5 g
1 colher (chá) 4,5 g

farinha de trigo integral
1 xícara 120 g
1 colher (sopa) 7,5 g
1 colher (chá) 2,5 g

amaranto em flocos e quinoa
1 xícara 180 g
1 colher (sopa) 12 g
1 colher (chá) 4 g

aveia
1 xícara 160 g
1 colher (sopa) 7 g
1 colher (chá) 2,5 g

nozes
1 xícara 90 g

pecã
1 xícara 108 g

amêndoas e castanha de caju
1 xícara 120 g

macadâmia
1 xícara 134 g

líquidos (água, óleo, azeite, leite vegetal)
1 xícara 240 ml
1 colher (sopa) 15 ml
1 colher (chá) 5 ml

caldinhos e petiscos
para abrir os trabalhos

caldinho de feijão com tofu defumado e molho de pimenta

tempo de preparo 30 minutos
rende 4 porções

molho de pimenta
½ xícara de pimentas variadas picadas (biquinho, dedo-de-moça sem sementes e cambuci)
¼ de xícara de azeite
½ colher (sopa) de vinagre de maçã
sal a gosto
2 colheres (sopa) de cheiro-verde picado

caldinho
1 fio de azeite
100 g tofu defumado cortado em cubos
1 cebola pequena picada
2 dentes de alho picados
1½ xícara de feijão-preto cozido
1½ xícara do caldo do cozimento do feijão-preto
sal e salsa picada a gosto

1. Misture todos os ingredientes do molho de pimenta em um recipiente, com tampa, e deixe apurar por, no mínimo, um dia antes de servir.
2. Para fazer o caldinho, numa panela média, aqueça o azeite e frite ligeiramente o tofu defumado. Retire o tofu e reserve.
3. Na mesma panela, refogue a cebola, mexendo até ficar transparente. Junte o alho e frite até começar a dourar. Acrescente o feijão com o caldo e tempere com o sal. Aqueça bem e transfira para o liquidificador.
4. Bata até virar um caldo grosso e devolva à panela. Adicione o tofu reservado e aqueça em fogo baixo. Sirva polvilhado com a salsa picada e, se desejar, com o molho de pimenta à parte.

Se quiser enriquecer o caldinho, adicione ora-pro-nóbis ou espinafre picados antes de acrescentar o tofu frito.

sopa cremosa de cebola
com croûtons

tempo de preparo 35 minutos
rende 4 porções

1 colher (sopa) de azeite
5 cebolas médias cortadas em rodelas finas
½ xícara de vinho branco vegano
1 xícara de caldo de legumes caseiro
sal e pimenta-do-reino branca moída na hora a gosto
1 xícara de creme de leite de castanha-de-caju (veja receita na pág. 10)

Numa panela grande, aqueça o azeite e refogue a cebola em fogo baixo até ficar transparente. Acrescente o vinho, o caldo de legumes e tempere com o sal e a pimenta. Deixe apurar em fogo baixo por 20 minutos, mexendo às vezes. Ao final desse tempo, ponha o creme de leite de castanha-de-caju. Misture com cuidado e deixe no fogo por mais 5 minutos. Retire e sirva.

Para preparar os croûtons, aqueça 1 colher (sopa) de azeite em uma frigideira e frite, mexendo sempre, quadradinhos de pão integral sem casca até dourarem.

caldinho de abóbora com especiarias

tempo de preparo 25 minutos
rende 6 porções

1 fio de azeite
1 talo pequeno de alho-poró em rodelas
600 g de abóbora japonesa, sem casca e sem sementes, cortada em pedaços
1 pedaço de gengibre, sem casca, de 5 cm cortado em dois pedaços
sal a gosto
½ colher (chá) de curry
2 anises-estrelados
1 xícara de caldo de legumes caseiro
¼ de xícara de leite de coco caseiro

1. Numa panela de pressão, leve ao fogo o azeite e refogue o alho-poró até ficar transparente. Junte a abóbora e mexa bem. Adicione os demais ingredientes, exceto o leite de coco. Tampe a panela e cozinhe por 15 minutos após o início da pressão. Retire do fogo e deixe a panela esfriar para abri-la. Retire os anises e descarte-os (se quiser, descarte também o gengibre para um sabor menos intenso).
2. Ponha no liquidificador e bata bem. Transfira para uma panela e leve ao fogo por mais 5 minutos. Acrescente o leite de coco, mexa bem e deixe por mais 2 minutos para aquecer mais. Sirva decorado com 1 anis-estrelado.

caldinho de milho com pesto de agrião

tempo de preparo 35 minutos
rende 4 porções

pesto de agrião
1 xícara de folhas de agrião higienizadas (reserve os talos para preparar os bolinhos da pág. 47)
2 dentes de alho sem casca
½ de xícara de azeite
3 colheres (sopa) de xícara de tofu defumado ralado
3 castanhas-do-pará
sal e pimenta-do-reino moída na hora a gosto

caldinho de milho
½ colher (sopa) de azeite
1 cebola pequena picada
1 dente de alho picado
500 g de milho verde fresco debulhado
2 batatas pequenas, sem casca, em cubos
2½ xícaras de caldo de legumes
sal e pimenta-do-reino branca moída na hora a gosto

1. Bata no liquidificador ou no processador todos os ingredientes do pesto até obter um molho espesso. Reserve.
2. Para fazer o caldinho, aqueça o azeite em uma panela e refogue a cebola e o alho até ficarem transparentes. Acrescente o milho e as batatas picadas. Ponha o caldo e tempere com o sal a e pimenta. Cozinhe, em fogo baixo, mexendo às vezes, por 25 minutos.
3. Retire do fogo e bata no liquidificador. Volte à panela e aqueça por 5 minutos. Sirva com uma colherada do pesto.

caldo verde

tempo de preparo 25 minutos
rende 4 porções

1 fio de azeite
1 dente de alho grande ralado
1 cebola roxa pequena ralada
3 batatas grandes, sem casca, cortadas em pedaços
2 xícaras de caldo de legumes caseiro
sal e pimenta-do-reino preta moída na hora a gosto
1 xícara de couve cortada em tiras

1. Em uma panela, aqueça o azeite e doure levemente o alho e a cebola. Ponha a batata e o caldo. Tempere com o sal e a pimenta. Cozinhe por 20 minutos ou até a batata ficar macia.
2. Retire do fogo e passe a batata pelo espremedor, mas reserve o caldo do cozimento. Devolva o caldo e a batata amassada à panela e acrescente a couve. Tempere com mais sal e pimenta, se necessário, e cozinhe por mais 5 minutos. Sirva.

Esta receita fica mais gostosa se você cortar a couve em tiras finas e levá-la ao forno, preaquecido a 180 ºC, por 5 minutos para ficar crocante. Depois, adicione ao caldo verde. Se preferir, sirva polvilhado com alho torrado e adicione cubinhos de tofu defumado para deixar um sabor mais marcante.

minicuscuz de legumes

tempo de preparo 45 minutos
rende 10 unidades

1 colher (sopa) de azeite
1 dente de alho ralado
1 cebola pequena ralada
1 talo de alho-poró em rodelas
2 cenouras pequenas, sem casca, em cubos
¼ de xícara de vagem francesa em pedaços
¼ de xícara de pimentão vermelho e verde, sem sementes, em cubinhos
¼ de xícara de ervilha fresca
sal, pimenta-do-reino e pimenta vermelha, sem sementes, picada a gosto
1 xícara de caldo de legumes
1 folha de louro
2 toletes de palmito cortados em rodelas
½ xícara de azeitona verde, sem caroço, em rodelas
1 xícara de farinha de milho em flocos

1. Numa panela, aqueça o azeite e doure o alho, a cebola e o alho-poró. Adicione a cenoura, a vagem, o pimentão (reserve alguns pedaços para decorar), a ervilha e os temperos. Mexa bem e acrescente o caldo e o louro. Misture e cozinhe, em fogo baixo, por 5 minutos ou até a cenoura ficar macia.
2. Acrescente o palmito e a azeitona (reserve alguns pedaços de ambos para decorar). Descarte o louro e ponha a farinha (se necessário, acrescente um pouco mais de caldo de legumes ou de água, se ficar muito espesso). Misture com cuidado e cozinhe por mais 5 minutos. Retire do fogo e reserve.
3. Unte forminhas de muffin ou de empada com azeite e decore com os legumes reservados. Por cima, coloque o cuscuz, preenchendo bem a forminha e pressionando levemente. Reserve por 30 minutos. Desenforme com cuidado e sirva.

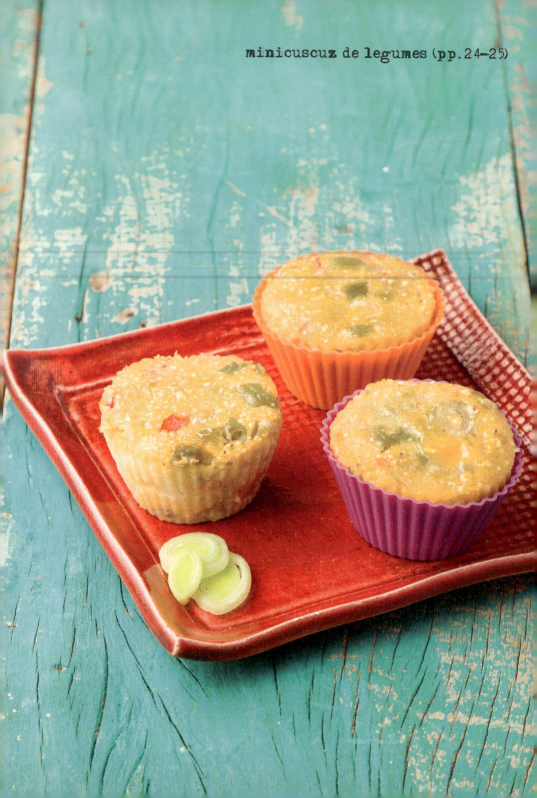
minicuscuz de legumes (pp.24-25)

quadradinhos de tapioca com molho de pimenta agridoce (pp. 28-29)

quadradinhos de tapioca com molho de pimenta agridoce

tempo de preparo 1h30
rende 4 porções

molho de pimenta agridoce

6 pimentas dedo-de-moça, sem sementes, picadas
2 dentes de alho picados
1/3 de xícara de açúcar demerara
1 maçã Red, sem casca e sem sementes, grosseiramente picada
1 colher (sopa) de vinagre de maçã
sal a gosto

quadradinhos

2 xícaras de tapioca granulada
1/4 de xícara de tofu defumado ralado
1 xícara de leite de coco caseiro
2 xícaras de água
1 colher (sopa) de azeite
uma pitada de sal
uma pitada de pimenta-do-reino branca moída na hora
uma pitada de lemon pepper
1 ramo de alecrim fresco

1 Para fazer o molho de pimenta, leve ao fogo a pimenta com o alho, o açúcar e a maçã. Misture bem e mantenha em fogo baixo, mexendo sempre até o açúcar começar a se dissolver. Retire do fogo e bata no liquidificador. Devolva a mistura batida à panela e adicione o vinagre e o sal. Cozinhe por mais 5 minutos em fogo baixo e reserve.
2 Prepare os quadradinhos, misturando em uma tigela a tapioca e o tofu ralado. Reserve. Em uma panela, ferva o leite de coco, a água, o azeite e os temperos. Aqueça bem e descarte o alecrim. Deixe esfriar completamente e hidrate a tapioca com essa mistura.
3 Transfira para uma fôrma ligeiramente untada com azeite. Alise com as costas de uma colher, deixando com 2 cm de altura. Leve à geladeira por 1 hora. Preaqueça o forno a 180° C. Leve ao forno por 10 minutos ou até começar a dourar. Retire, corte em quadradinhos e sirva com o molho de pimenta à parte.

É melhor esperar o líquido esfriar completamente antes de acrescentá-lo à tapioca. Caso contrário, a tapioca vai liberar goma e prejudicar o resultado da sua receita.

aipim crocante

tempo de preparo 40 minutos
rende 6 porções

500 g de aipim sem casca
2 colheres (sopa) de azeite
sal e pimenta calabresa a gosto

1. Cozinhe o aipim na panela de pressão com água suficiente para cobri-lo por 12 minutos após o início da pressão ou até ficar macio, mas firme. Deixe esfriar para abrir a panela. Verifique se está no ponto e escorra bem.
2. Corte o aipim em pedaços pequenos, retirando o fio central. Preaqueça o forno a 180º C. Disponha os pedaços em uma fôrma forrada com papel-alumínio ligeiramente untado com azeite. Pincele com o azeite restante e polvilhe com os temperos. Leve ao forno por 25 minutos ou até dourarem, mas vire na metade do tempo. Sirva em seguida.

Você pode usar sal grosso para polvilhar, caso prefira. Se tiver fritadeira elétrica, o tempo é aproximadamente o mesmo. A diferença é que você vai poder acrescentar os temperos depois da receita pronta.

bruschetta de tomate, pasta de azeitona preta e alho

tempo de preparo 15 minutos
rende 8 unidades

pasta de azeitona preta
1 xícara de azeitona preta sem caroço
3 ramos de tomilho-limão
4 metades de nozes sem a casca
¼ de xícara de azeite
1 colher (sopa) de suco de limão-siciliano coado

torrada
1 dente de alho, sem casca, inteiro
8 fatias de pão italiano
2 dentes de alho cortados em lâminas
2 tomates italianos, sem sementes, cortados em cubos e bem escorridos
folhas de manjericão a gosto

1 Para fazer a pasta, bata todos os ingredientes no processador, ligeiramente, até formar um molho espesso. Retire e reserve.

2 Preaqueça o forno 180º C. Prepare as torradas, esfregando o alho nas fatias de pão. Leve as fatias ao forno por 5 minutos apenas para tostá-las ligeiramente. Reserve.

3 Numa frigideira, toste as lâminas de alho, mexendo sempre, até ficarem douradas. Passe colheradas da pasta de azeitona sobre o pão. Arrume os cubos de tomate, o alho tostado e as folhas de manjericão por cima. Se quiser, regue com um fio de azeite antes de servir.

No lugar das **lâminas de alho**, você pode usar **alho torrado moído e polvilhá-lo** sobre a bruschetta antes de servir.

bruschetta de cogumelo com alcaparras

tempo de preparo 15 minutos
rende 8 unidades

8 torradas de pão integral vegano
1½ xícara de cogumelos variados
1 fio de azeite
1 talo de alho-poró cortado em rodelas
½ colher (sopa) de suco de limão coado
½ colher (sopa) de shoyu
3 colheres (sopa) de alcaparras escorridas
pimenta-do-reino branca moída na hora a gosto
ramos de tomilho a gosto

1 Preaqueça o forno 180º C e leve o pão ao forno por 5 minutos apenas para tostá-lo ligeiramente.
2 Limpe bem os cogumelos e corte-os em lâminas.
3 Aqueça o azeite em uma frigideira. Refogue o alho-poró. Junte o cogumelo e o suco de limão. Quando começar a secar, ponha o shoyu. Misture bem e acrescente as alcaparras e a pimenta. Mexa delicadamente e deixe no fogo baixo até quase secar.
4 Ponha sobre o pão tostado e decore com tomilho. Se desejar, regue com um fio de azeite e sirva.

espetinho de tofu marinado e legumes ao molho de limão

tempo de preparo 20 minutos
rende 8 unidades

100 g de tofu marinado e cortado em cubos (veja receita na pág. 9)
2 abobrinhas pequenas
8 tomatinhos-cereja
2 cebolas roxas cortadas em cubos
1 cenoura, sem casca, cortada em cubos
1 colher (sopa) de azeite
1 colher (chá) de lemon pepper
½ colher (chá) de curry

Aqueça uma grelha. Monte os espetinhos, intercalando os alimentos. Tempere com o azeite e os demais temperos. Leve à grelha por 10 minutos, virando na metade do tempo ou até o tofu ficar grelhado.

Se gostar da cenoura mais macia, escalde-a rapidamente em água quente até ficar macia, mas firme. Sirva esta receita com molho de azeite, limão e ervas. Para isso, junte o suco coado de ½ limão-siciliano com 3 colheres (sopa) de azeite, sal, pimenta-do-reino branca moída na hora, mostarda em grãos a gosto e cheiro-verde picado. Numa tigela, ponha todos os ingredientes e bata com um batedor manual. Sirva à parte, com os legumes. Não gosta de usar espetos de madeira? Use espetos daquele aparelho de fondue, como na foto, que você aposentou após adotar o veganismo.

batata rústica

tempo de preparo 35 minutos
rende 4 porções

6 batatas grandes sem casca
sal, páprica picante, pimenta-da-Jamaica e cúrcuma a gosto
½ colher (chá) de alho torrado e moído
2 colheres (chá) de azeite

1. Lave bem a batata e corte-a em palitos com 1 cm de largura aproximadamente. Seque bem com papel-toalha.
2. Preaqueça o forno a 180 °C. Espalhe a batata em uma assadeira forrada com papel-alumínio untado com azeite. Polvilhe com os temperos e regue com o azeite.
3. Leve ao forno por 25 minutos ou até ficar macia, mas firme, e dourada. Vire na metade do tempo. Sirva imediatamente.

Se quiser um sabor menos picante, use páprica doce. Dependendo do tipo de batata da sua região, pode ser que você tenha que levá-la ao fogo com água por alguns minutos apenas para amaciar ligeiramente antes de preparar a receita no forno.

grão-de-bico assado com especiarias

tempo de preparo 45 minutos
rende 6 porções

- 1 xícara de grão-de-bico
- 1 colher (chá) de zaatar
- 1 colher (chá) de lemon pepper
- 1 colher (chá) de cominho em pó
- 1 colher (chá) de pimenta síria
- sal a gosto
- 1 colher (sopa) de azeite

1. Deixe o grão-de-bico de molho em 2 xícaras de água por uma noite. Escorra bem e transfira os grãos para a panela de pressão com água suficiente para cobri-los. Tampe a panela e cozinhe por 10 minutos após o início da pressão ou até ficar macio, mas firme.
2. Preaqueça o forno a 180 °C. Escorra bem os grãos e transfira para uma tigela. Seque-os com papel-toalha.
3. Em uma tigela, misture os temperos, exceto o azeite, e junte os grãos. Misture para o grão-de-bico ficar totalmente coberto pelos temperos. Transfira para uma fôrma forrada com papel-alumínio ligeiramente untado com azeite. Regue com o azeite e asse por 20 minutos ou até dourar, mas vire na metade do tempo.

Quanto mais sequinhos os grãos, mais crocante a receita vai ficar. Guardado em um recipiente com tampa hermética, dura até 5 dias fora da geladeira.

espetinho de macadâmia
com pesto de manjericão roxo

tempo de preparo 1 hora
rende 10 unidades

1 xícara de macadâmia
2 xícaras de água filtrada
½ xícara de amêndoa em lâminas
uma pitada de sal
½ colher (sopa) de suco de limão-siciliano coado
2 colheres (sopa) de farinha de amêndoa
uma pitada de lemon pepper
10 tomatinhos-cereja
folhas de manjericão a gosto

pesto de manjericão roxo
1 xícara de manjericão roxo higienizado
2 dentes de alho sem casca
⅓ de xícara de azeite
2 colheres (sopa) de tofu defumado ralado
5 castanhas de baru
sal a gosto
uma pitada de pimenta calabresa

1. Deixe a macadâmia de molho na água filtrada por uma noite para hidratar. No dia do preparo, escorra bem e bata no processador ou liquidificador, caso seu aparelho seja potente, com os ingredientes restantes, exceto os tomatinhos e o manjericão. Retire e ponha em uma tigela. Cubra com filme de PVC e leve à geladeira por 30 minutos. Molde bolinhas.

2. Faça o pesto batendo todos os ingredientes no liquidificador. Coloque um pouco de pesto nas cumbucas e monte os espetinhos com um tomatinho, uma folha de manjericão e a bolinha de macadâmia. Sirva.

Se **você** quiser **bolinhas** mais consistentes, adici**one** um **pouco** mais de farinha de amêndoa na hora de moldá-las. Você também pode levar as **bolinhas ao forno** preaquecido, caso prefira, para dourarem por 15 minutos. Fica igualmente delicioso.

bolinhos e salgadinhos

pequenas porções com muito sabor

bolinho de talos

tempo de preparo 30 minutos
rende 8 unidades

1 xícara de talos variados (de brócolis, couve, agrião e espinafre)
1 colher (sopa) de linhaça
3 colheres (sopa) de água
4 colheres (sopa) de farinha de trigo integral
2 colheres (sopa) de aveia
1 colher (sopa) de azeite
sal e pimenta-do-reino preta moída na hora a gosto

1. Corte os talos em pedaços pequenos e refogue-os em um pouco de azeite com os temperos de sua preferência. Reserve.
2. Hidrate a linhaça na água por 30 minutos e bata no liquidificador. Transfira para uma tigela e adicione os ingredientes restantes, misturando bem.
3. Preaqueça o forno a 180 °C.
4. Forme bolinhos achatados e transfira para uma assadeira forrada com papel-alumínio ligeiramente untado com azeite e asse por 20 minutos. Sirva em seguida.

Se você tiver fritadeira elétrica, use-a para preparar as receitas de bolinho deste capítulo. Basta seguir as orientações e o tempo recomendado no manual do aparelho.

bolinho
de arroz

tempo de preparo 40 minutos
rende 10 unidades

2 xícaras de arroz integral cozido
2 colheres (sopa) de farinha de arroz
1/3 de xícara de tofu fresco marinado e amassado
1/4 de xícara de cheiro-verde picado
1 cenoura pequena, sem casca, ralada
1 cebola pequena ralada
1 dente de alho ralado
sal e lemon pepper a gosto

1 Em uma tigela, misture todos os ingredientes até formar uma massa homogênea.
2 Preaqueça o forno a 180 °C.
3 Molde pequenos bolinhos com a mão e transfira para uma assadeira forrada com papel-alumínio ligeiramente untado com azeite. Asse por 35 minutos ou até dourarem. Sirva quente.

O tofu marinado deixa a massa úmida para ser modelada, mas, se ainda assim estiver um pouo seca, adicione um pouco de caldo de legumes.

bolinho de feijão-preto com couve refogada

tempo de preparo 45 minutos
rende 16 unidades

2 xícaras de feijão-preto cozido e temperado a gosto (só os grãos)
sal, pimenta-do-reino preta moída na hora e cominho em pó a gosto
4 colheres (sopa) de tofu defumado ralado
1 colher (sopa) de polvilho azedo
1 xícara de fubá fino
½ xícara de couve em tiras refogada a gosto

1. Bata o feijão no liquidificador. Transfira para uma tigela e tempere com o sal, a pimenta e o cominho. Misture o tofu (reserve um pouco) e o polvilho. Adicione, delicadamente, o fubá (reserve um pouco para empanar) e misture até dar liga. Leve à geladeira por 30 minutos.
2. Preaqueça o forno a 180 °C.
3. Coloque porções da massa na mão e abra, formando um disco. Disponha um pouco de couve no meio e polvilhe com o tofu reservado. Feche e passe no fubá.
4. Leve ao forno em assadeira forrada com papel-alumínio untado com azeite. Asse por 30 minutos ou até que, ao espetar um palito, ele saia seco.

Se o seu liquidificador não for muito potente, bata o feijão com um pouquinho do caldo do cozimento apenas para triturar os grãos. Esta receita fica melhor se for preparada na fritadeira elétrica, pois no forno os bolinhos ficam com a aparência rachada por conta do fubá em que são passados antes de assar. O mesmo acontece com as coxinhas de cogumelo (pág. 62).

croquete de nozes
com especiarias

tempo de preparo 25 minutos
rende 8 unidades

2 colheres (sopa) de azeite
1 cebola pequena ralada
1 dente de alho ralado
2 xícaras de pecãs batidas no processador
sal, pimenta-do-reino branca moída na hora a gosto, zaatar e pimenta síria a gosto
1/3 de xícara de amaranto em flocos
3 colheres (sopa) de farinha de arroz

1. Em uma frigideira, aqueça o azeite e refogue rapidamente a cebola e o alho. Junte a pecã triturada e refogue por 2 minutos, mexendo sempre.
2. Acrescente os temperos e mexa mais um pouco apenas para incorporá-los. Transfira para uma tigela e adicione os ingredientes restantes.
3. Preaqueça o forno a 180 °C.
4. Misture com as mãos até virar uma massa homogênea, mas ainda úmida. Modele os croquetes e transfira para uma assadeira forrada com papel-alumínio ligeiramente untado com azeite e asse por 15 minutos ou até dourar.

Você pode servir com molho de tomate caseiro (receita na pág. 8).

bolinho de tofu

tempo de preparo 35 minutos
rende 10 unidades

1 colher (sopa) de azeite
1 cebola picada
1 dente de alho picado
¼ de xícara de tofu defumado ralado
3 castanhas-do-pará
¼ de xícara de leite vegetal
sal, pimenta-do-reino branca moída na hora e pimenta-da-jamaica a gosto
1½ xícara de farinha de trigo integral
gergelim a gosto para empanar

1. Em uma panela, aqueça o azeite e refogue a cebola e o alho. Ponha no liquidificador com o tofu, a castanha, o leite vegetal e os temperos. Bata bem e transfira para uma tigela. Adicione a farinha, misturando bem.
2. Preaqueça o forno a 180 °C.
3. Molde bolinhos e molhe-os ligeiramente em um pouco de água. Passe no gergelim e leve ao forno em uma assadeira forrada com papel-alumínio ligeiramente untado com azeite. Asse por 25 minutos ou até dourar.

almôndegas de castanha-de-caju

tempo de preparo 35 minutos
rende 14 unidades

1 xícara de castanha-de-caju crua e sem sal
½ xícara de água
3 colheres (sopa) de azeite
sal e pimenta síria a gosto
½ xícara de linhaça e amaranto misturados
⅓ de xícara de farinha de grão-de-bico

1. Deixe a castanha de molho em água suficiente para cobri-la por uma noite. Escorra bem no dia seguinte. Bata no liquidificador com os ingredientes restantes, exceto a mistura de cereais e a farinha de grão-de-bico.
2. Transfira para uma tigela e misture os cereais e a farinha até dar o ponto de moldar.
3. Preaqueça o forno a 180 °C.
4. Misture muito bem e forme bolinhas. Leve ao forno em uma assadeira forrada com papel-alumínio ligeiramente untado e asse por 20 minutos ou até dourarem. Sirva com seu molho preferido.

croquete de lentilha vermelha

tempo de preparo 40 minutos
rende 14 unidades

2 xícaras de lentilha vermelha demolhada e cozida
1 xícara de tofu marinado
¼ de xícara de farinha de arroz
3 colheres (sopa) de azeite
sal, pimenta vermelha e noz-moscada a gosto
farinha de rosca a gosto para empanar

1 Bata no processador todos os ingredientes, exceto a farinha de rosca. Molde croquetes e passe-os ligeiramente na água. Depois, passe na farinha de rosca.
2 Preaqueça o forno a 180 °C e ponha os croquetes em uma assadeira forrada com papel-alumínio ligeiramente untado com azeite. Asse por 25 minutos ou até dourarem. Sirva quente.

esfirra de escarola

tempo de preparo 1h45
rende 8 unidades

massa

1 tablete de fermento biológico fresco
½ colher (sopa) de açúcar demerara
¾ de xícara de água morna
4 colheres (sopa) de azeite
1 colher (chá) de sal
2 xícaras de farinha de trigo integral

recheio

1 fio de azeite
1 cebola roxa picada
1 dente de alho
1 xícara de escarola cortada em tiras finas
zaatar, pimenta-do-reino preta moída na hora e sal a gosto
¼ de xícara de azeitona preta picada
8 nozes, sem casca, grosseiramente picadas

1. Numa tigela misture o fermento e o açúcar. Adicione a água, o azeite e o sal, misturando até formar uma mistura homogênea. Adicione, aos poucos, a farinha de trigo. Misture e sove até soltar das mãos. Cubra a tigela e reserve por 1 hora ou até dobrar de volume.
2. Enquanto a massa descansa, prepare o recheio. Leve ao fogo uma panela com o azeite. Refogue a cebola e o alho até ficarem transparentes. Junte a escarola e os temperos. Misture bem e cozinhe por 10 minutos. Acrescente a azeitona e as nozes. Mexa e retire do fogo e reserve até esfriar.
3. Preaqueça o forno a 180 °C.
4. Faça 12 bolinhas com a massa. Abra cada bolinha na palma da mão e recheie. Feche, puxando as pontas para o centro e dando o formato de uma esfirra. Transfira para uma assadeira levemente untada com azeite e polvilhada com farinha de trigo. Asse por 30 minutos ou até dourarem.

coxinha de cogumelo

tempo de preparo 35 minutos
rende 8 unidades

recheio
1 fio de azeite
1 talo de alho-poró em rodelas
1 dente de alho sem casca picado
100 g de cogumelo-de-Paris limpo e cortado em lâminas
1 colher (chá) de shoyu

massa
1 colher (sopa) de azeite
1 cebola ralada
1 dente de alho ralado
1 xícara de água gelada
sal e curry a gosto
1 xícara de farinha de grão-de-bico
1 colher (sopa) de cheiro-verde picado
2 batatas-doces pequenas cozidas e sem casca
farinha de rosca para empanar

1. Leve ao fogo o azeite e refogue o alho-poró. Junte o alho e refogue até ficarem transparentes. Ponha o cogumelo. Misture bem e cozinhe por 5 minutos. Adicione o shoyu, mexa mais e retire do fogo. Reserve.
2. Para fazer a massa, aqueça o azeite e refogue a cebola e o alho. Junte a água e os temperos. Acrescente a farinha aos poucos para não empelotar e o cheiro-verde. Cozinhe, mexendo sempre até soltar da panela. Transfira para uma superfície lisa e adicione a batata-doce amassada.
3. Misture com ajuda de uma espátula até ficar macia e homogênea. Divida-a em 8 porções. Abra a massa na palma da mão e recheie. Dê o formato de coxinhas.
4. Preaqueça o forno a 180 °C.
5. Molhe ligeiramente as coxinhas na água. Passe-as na farinha de rosca e leve ao forno em uma assadeira forrada com papel-alumínio ligeiramente untado com azeite e asse por 35 minutos ou até dourarem. Sirva em seguida.

coxinha de cogumelo (pp.62-63)

saltenha de tomate e manjericão (pp. 66-67)

saltenha de tomate e manjericão

tempo de preparo 1h15
rende 8 unidades

massa

2 xícaras de farinha de trigo integral
¼ de xícara de azeite
¼ de xícara de vinho branco vegano
¼ de xícara de água
1 colher (chá) de sal

recheio

1 fio de azeite
1 cebola pequena ralada
1 dente de alho ralado
3 tomates italianos sem sementes
½ xícara de resíduo de leite de macadâmia
sal e pimenta-do-reino branca moída na hora a gosto
½ colher (chá) de pimenta dedo-de-moça, sem sementes, picada
1 colher (sopa) de manjericão picado
½ colher (chá) de suco de limão coado

1 Em uma tigela, misture a farinha, o azeite, o vinho e a água. Tempere com o sal e continue misturando até virar uma massa lisa. Embrulhe em filme de PVC e leve à geladeira por 20 minutos.
2 Para fazer o recheio, aqueça o azeite e refogue a cebola e o alho. Ponha os ingredientes restantes, mexa bem e cozinhe por 5 minutos ou até o líquido secar bem. Retire do fogo e reserve.
3 Preaqueça o forno a 180 °C.
4 Abra a massa sobre uma superfície lisa, polvilhada com farinha integral e corte discos com 14 cm de diâmetro. Sobre o centro de cada disco de massa ponha um pouco do recheio. Molhe a beirada da massa com água e dobre ao meio, como um pastel. Dobre uma ponta para cima e aperte para grudar bem.
5 Pincele, se desejar, com shoyu misturado a um pouco de azeite. Leve ao forno em uma assadeira forrada com papel-alumínio ligeiramente untado com azeite por 25 minutos ou até dourar.

empadinha cremosa de cebola e manjerona

tempo de preparo 50 minutos
rende 8 unidades

recheio
1 fio de azeite
2 cebolas picadas
sal e pimenta-do-reino branca moída na hora a gosto
1 ramo de manjerona picado
¼ de xícara de creme de leite vegetal

massa
⅓ de xícara de leite vegetal
⅓ de xícara de óleo
sal a gosto
½ xícara de farinha de trigo
½ colher (sopa) de fermento químico em pó
½ colher (sopa) de cúrcuma
1 colher (chá) de azeite

1. Leve ao fogo uma panela com o azeite e refogue a cebola até ficar transparente. Junte os temperos e o creme de leite vegetal. Cozinhe por 10 minutos, mexendo. Retire do fogo e reserve até esfriar.
2. Preaqueça o forno a 180 °C.
3. Para fazer a massa, bata o leite, o óleo e o sal no liquidificador. Transfira para uma tigela e adicione, aos poucos, a farinha de trigo e o fermento. Preencha metade da fôrma com a massa e coloque o recheio. Cubra com a massa restante. Pincele com cúrcuma misturada com azeite.
4. Leve ao forno, preaquecido, por 30 minutos ou até que, ao espetar a massa com um palito, ele saia seco. Espere amornar para desenformar e servir.

Se quiser, adicione ao recheio ½ xícara de azeitona verde sem caroço picada.

pãozinho de polvilho

tempo de preparo 45 minutos
rende 16 unidades

1 aipim grande sem casca cozido e amassado (300 g)
1 xícara de polvilho azedo
1 xícara de polvilho doce
sal, orégano e alho torrado a gosto
½ xícara de água

1. Em uma tigela, misture todos os ingredientes, mas adicione a água aos poucos até dar ponto de enrolar.
2. Preaqueça o forno a 180 °C.
3. Molde bolinhas e coloque em uma assadeira forrada com papel-alumínio ligeiramente untado (disponha as bolinhas separadas, pois elas crescem). Asse por 25 minutos ou até dourarem. Sirva.

antepastos e sandubas

delícias para saciar o apetite

rolinho de abobrinha italiana

tempo de preparo 20 minutos
rende 4 porções

2 abobrinhas médias
¼ de xícara de resíduo de leite vegetal de castanha-de-caju
¼ de xícara de azeitona verde sem caroço picada
1 colher (sopa) de azeite
1 colher (chá) de ervas frescas picadas
1 colher (sopa) de tofu defumado sabor pimenta calabresa ralado
sal a gosto
palitos de petisco

1. Corte a abobrinha em fatias finas, no sentido do comprimento. Aqueça uma frigideira antiaderente ligeiramente untada com azeite e grelhe as fatias de abobrinha. Reserve.
2. Numa tigela, misture os ingredientes restantes.
3. Espalhe uma colherada do recheio sobre uma fatia de abobrinha e enrole com cuidado. Prenda com o palito, decorando a gosto. Repita o procedimento com as demais fatias. Sirva com shoyu sem glutamato monossódico.

petisco de batata bolinha e azeitona preta

tempo de preparo 35 minutos
rende 4 porções

500 g de batata bolinha orgânica bem lavada
⅓ de xícara de azeite
5 dentes de alho cortados em lâminas
1 cebola roxa grande picada
sal a gosto
3 ramos de alecrim
1 xícara de azeitona preta
uma pitada de pimenta-do-reino branca moída na hora a gosto

1. Cozinhe a batata em água e sal por 20 minutos ou até ficar macia, mas firme. Escorra bem e transfira para um pote com tampa bem esterilizado.
2. Em uma panela, aqueça 1 colher (sopa) de azeite e refogue o alho e a cebola até ficarem transparentes. Transfira para o pote e junte os ingredientes restantes. Tampe e deixe apurar por 1 dia antes de servir.

escabeche de legumes

tempo de preparo 35 minutos
rende 6 porções

¼ de xícara de azeite
1 cebola roxa em rodelas finas
3 dentes de alho cortados em lâminas
2 cenouras, sem casca, em tiras
½ xícara de pimentão vermelho, sem sementes, em tiras
100 g de vagem em pedaços
1 colher (sopa) de vinagre de maçã
¼ de xícara de vinho branco vegano
2 folhas de louro
1 abobrinha brasileira pequena em rodelas finas
sal e pimenta-do-reino branca moída na hora a gosto
1 limão-siciliano cortado em rodelas
2 raminhos de tomilho-limão

1. Numa panela, aqueça ligeiramente o azeite e frite a cebola e o alho até dourarem. Junte, aos poucos, os ingredientes restantes, exceto o limão e o tomilho, e cozinhe, mexendo às vezes, por 20 minutos em fogo baixo.
2. Transfira para uma travessa e acrescente o limão. Misture e cubra com filme de PVC. Leve à geladeira por uma noite, no mínimo, para apurar bem. Sirva com torradas de pão integral, polvilhadas com mais tomilho-limão fresco picado.

lanche de portobello com molho de tahine e shoyu

tempo de preparo 35 minutos
rende 6 unidades

1 fio de azeite
6 pães integrais redondos pequenos
6 cogumelos portobello médios higienizados
1 colher (sopa) de tahine
1 colher (sopa) de shoyu sem glutamato monossódico
1 tomate italiano grande cortado em rodelas

cebola caramelizada
1 colher (sopa) de azeite
1 cebola grande cortada em rodelas finas
½ colher (chá) de açúcar demerara
½ colher (chá) de suco de limão

1. Aqueça o azeite em uma frigideira e doure a parte interna do pão. Retire e reserve.
2. Remova os caules dos cogumelos. Frite o portobello em uma grelha ou em uma frigideira antiaderente quente, virando para que doure por igual. Reserve.
3. Para fazer a cebola, leve ao fogo uma frigideira e aqueça o azeite. Junte a cebola e o açúcar. Mexa bem até o açúcar se dissolver. Adicione o suco de limão e cozinhe por mais 5 minutos. Reserve.
4. Misture o tahine e o shoyu. Passe no pão. Ponha o tomate e, por cima, o cogumelo. Disponha a cebola sobre o cogumelo e cubra com a outa metade do pão. Sirva.

lanche de ricota de macadâmia e damasco

tempo de preparo 1h20
rende 6 unidades

200 g de damasco seco
6 pães integrais, sem casca, cortados ao meio e ligeiramente torrados

ricota de macadâmia
½ xícara de macadâmia crua e sem sal
1 dente de alho sem casca
1 colher (sopa) de azeite
sal e pimenta-do-reino branca moída na hora a gosto
1 colher (chá) de suco de limão-siciliano coado
1 colher (chá) de ervas de Provence

1. Deixe o damasco de molho na água por uma noite (reserve 3 inteiros).
2. Para fazer a ricota de macadâmia, deixe-a de molho na geladeira por um dia. Escorra bem e bata no processador com o damasco escorrido e os demais ingredientes, exceto o pão. Volte à geladeira em um recipiente com tampa por 1 hora.
3. Passe essa pasta nas torradas e monte os sanduíches. Sirva decorados com o damasco reservado cortado em tiras.

refogado de cogumelos

tempo de preparo 35 minutos
rende 4 porções

2 colheres (sopa) de azeite
1 cebola média em tiras finas
2 xícaras de cogumelos variados (de Paris, shimeji e shiitake) limpos
½ xícara de pimentão vermelho e amarelo, sem sementes, em tiras
⅓ de xícara de vinho branco vegano
100 g de vagem francesa
100 g de aspargos frescos
pimenta-do-reino branca moída na hora a gosto
2 colheres (sopa) de shoyu sem glutamato monossódico
fatias de pão ligeiramente torradas

Aqueça o azeite em uma frigideira e frite a cebola até ficar transparente. Adicione o cogumelo e o pimentão. Cozinhe por 2 minutos, mexendo às vezes. Acrescente o vinho, a vagem e os aspargos. Cozinhe por mais 3 minutos, mexendo até o líquido se reduzir, mas os cogumelos não amolecerem muito. Tempere com a pimenta e o shoyu. Mexa bem e sirva com o pão.

canapé de polenta
com molho de alcaparras

tempo de preparo 45 minutos
rende 12 porções

molho

⅓ de xícara de alcaparras lavadas e escorridas
2 colheres (sopa) de suco de limão-siciliano
¼ de xícara de azeite
sal e lascas de amêndoas a gosto

polenta

1 colher (sopa) de azeite
1 dente de alho ralado
3 xícaras de água
1 ramo de manjericão roxo
sal e pimenta-do-reino moída na hora a gosto
1½ xícara de fubá

1 Comece pelo molho. Ponha todos os ingredientes, exceto as amêndoas em uma tigela e misture bem com um batedor de mão (fouet). Depois de misturar, reserve.
2 Para fazer a polenta, leve ao fogo uma panela com o azeite. Aqueça e refogue o alho. Junte a água e o ramo de manjericão. Tempere com o sal e a pimenta. Deixa a água ferver. Descarte a erva. Retire um pouco da água e transfira para uma tigela.
3 Dissolva um pouco do fubá nessa água e retorne à panela com a água fervente. Aos poucos, adicione o fubá restante e continue mexendo até dissolvê-lo totalmente e soltar do fundo da panela.
4 Transfira para um refratário untado com azeite e deixe esfriar. Depois de firmar bem, corte a polenta em pequenos quadrados. Aqueça uma frigideira levemente untada com azeite e frite os quadrados de polenta só até dourarem ligeiramente. Antes de servir, ponha um pouco do molho sobre cada um e decore com as amêndoas em lascas.

canapé de polenta com molho de alcaparras (pp. 86-87)

sanduíche de fava com salada verde e molho de mostarda
(pp. 90–91)

sanduíche de fava com salada verde e molho de mostarda

tempo de preparo 45 minutos
rende 8 unidades

1 xícara de fava demolhada e cozida
1 cebola roxa pequena picada
1 dente de alho sem casca
1 colher (sopa) de azeite
1 colher (sopa) de cebolinha picada
uma pitada de pimenta síria
sal e pimenta-do-reino branca moída na hora a gosto
½ xícara de gérmen de trigo

molho

1 colher (sopa) de azeite
1 colher (sopa) de suco de limão-siciliano coado
1 cebola pequena picada
1 dente de alho picado
1 colher (chá) de ervas de Provence
3 colheres (sopa) de mostarda em grãos
8 pães sírios pequenos
alface e rúcula rasgadas a gosto

1 Preaqueça o forno a 180 °C. Bata a fava no processador com os demais ingredientes, exceto o gérmen de trigo. Transfira para uma tigela e junte o gérmen de trigo, misturando bem até soltar das mãos. Forme bolinhos achatados.
2 Forre uma assadeira com papel-alumínio e unte-o com azeite. Ponha os bolinhos sobre o papel e asse por 30 minutos ou até dourarem (vire na metade do tempo).
3 Leve os pães ao forno desligado, mas ainda quente, por 5 minutos apenas para aquecer e retire.
4 Prepare o molho batendo todos os ingredientes no liquidificador, exceto os pães e as folhas de salada.
5 Abra os pães no sentido do comprimento, sem separá-los. Arrume as folhas. Por cima, disponha os bolinhos. Cubra com o molho e sirva.

sanduíche refrescante de tofu, pepino e hortelã

tempo de preparo 15 minutos
rende 8 unidades

1 colher (sopa) de azeite
1 dente de alho sem casca
1 cebola picada
¼ de xícara de tofu marinado (veja receita na pág. 9)
sal e pimenta-do-reino branca moída na hora a gosto
¼ de xícara de folhas de hortelã
1 pepino grande japonês em rodelas
½ colher (chá) de suco de limão coado
4 pães do tipo ciabatta

No liquidificador, bata todos os ingredientes, exceto o pão (reserve também algumas rodelas de pepino e folhas de hortelã para decorar), até virar uma pasta cremosa. Corte cada pão ao meio no sentido horizontal e, depois, pelo comprimento. Espalhe a pasta sobre cada metade do pão e cubra com a outra metade, formando um sanduíche. Decore com a hortelã e o pepino reservados. Sirva.

Se quiser incrementar este sanduíche, recheie com a pasta e uma fatia de tofu marinado e grelhado ou portobello grelhado.

wrap de legumes

tempo de preparo 35 minutos
rende 6 porções

5 colheres (sopa) de azeite
1 cebola picada
1 dente de alho ralado
1 talo de alho-poró em rodelas
1/3 de xícara de pimentão vermelho e amarelo, sem sementes, em cubos
2 tomates, sem pele e sem sementes, cortados em cubos
1 berinjela grande cortada em cubos
3 colheres (sopa) de alcaparras
sal, orégano e manjericão picados a gosto
3 fatias de pão folha

Numa frigideira, aqueça o azeite e refogue a cebola, o alho e o alho-poró até ficarem transparentes. Junte o pimentão e refogue por mais 5 minutos. Acrescente os ingredientes restantes, exceto o pão. Cozinhe, em fogo baixo, por 25 minutos, mexendo às vezes, ou até os legumes ficarem macios e o líquido quase secar. Disponha os legumes refogados sobre uma fatia de pão e enrole. Corte ao meio e sirva em seguida.

Acha o gosto da berinjela muito forte? Deixe-a de molho em água e vinagre por 10 minutos. Antes de usar, lave e escorra bem.

ns, pães e burgers

*para comer com a mão
e ser feliz*

pizza de abobrinha

tempo de preparo 1 hora
rende 4 fatias

cobertura

1 colher (sopa) de azeite
2 dentes de alho ralados
1 talo de alho-poró cortado em rodelas
2 tomates médios maduros cortados em rodelas
1 abobrinha italiana cortada em rodelas finas
manjerona fresca picada a gosto
1 colher (chá) de grãos de mostarda

massa

1 disco de pizza (veja receita na pág. 100)
1 xícara de molho de tomate caseiro (veja receita na pág. 8)

1. Prepare a cobertura, levando ao fogo uma frigideira com o azeite, o alho e o alho-poró. Cozinhe, mexendo, até ficarem transparentes. Reserve. Preaqueça o forno a 180 °C. Pincele uma fôrma de pizza com azeite e polvilhe com farinha. Cubra com o disco de massa e leve ao forno por 15 minutos, ou até dourar ligeiramente. Retire do forno.

2. Espalhe o molho de tomate sobre a massa assada. Por cima, arrume as rodelas de tomate e a abobrinha. Cubra com o refogado de alho e azeite. Salpique com a manjerona e a mostarda. Leve ao forno por mais 15 minutos e sirva.

pizza de rúcula com alho frito, azeitona e tomate seco

tempo de preparo 1 hora
rende 4 fatias

cobertura
1 fio de azeite
2 dentes de alho cortados em lâminas
½ xícara de tomate seco
½ xícara de azeitona preta sem caroço
½ xícara de molho de tomate caseiro (veja receita na pág. 8)
1½ xícara de rúcula sem o talo cortada em tirinhas

massa
¾ de xícara de água morna
1 envelope (10 g) de fermento biológico seco
2 xícaras + 1 colher (sopa) de farinha de trigo integral
¼ de xícara de azeite
sal a gosto

1 Comece pela cobertura. Leve ao fogo uma frigideira e aqueça o azeite. Doure o alho e acrescente o tomate e a azeitona preta. Cozinhe por 5 minutos e reserve.

2 Prepare a massa colocando a água morna (quase fria) em uma tigela. Adicione o fermento e misture bem com um garfo. Acrescente metade da farinha, o azeite e o sal. Mexa com a mão até virar uma massa homogênea. Acrescente outra xícara de farinha e continue misturando até soltar das mãos. Reserve por 40 minutos ou até dobrar de volume.

3 Divida a massa em três bolas e abra cada uma sobre uma superfície polvilhada com farinha de trigo. Preaqueça o forno a 180 °C. Cubra uma fôrma de pizza média untada com azeite e polvilhada com farinha de trigo com a massa.

4 Asse por 15 minutos, ou até dourar ligeiramente. Retire do fogo e cubra com o molho de tomate. Por cima, arrume o refogado de tomate seco, alho e azeitona, e depois a rúcula. Leve ao forno por mais 15 minutos e sirva.

Esta receita rende 3 discos de pizza com 4 fatias ou 2 discos grandes. A massa pode ser congelada. Para isso, basta envolver uma bola de massa em filme de PVC e congelar. Descongele na geladeira para usar.

pizza de rúcula com alho frito, azeitona e tomate seco
(pp.100-101)

fogazza com recheio de amêndoas e passas (pp. 104-105)

fogazza com recheio de amêndoas e passas

tempo de preparo 45 minutos
rende 8 unidades

massa
2 batatas grandes
2 xícaras de farinha de arroz
½ xícara de azeite
½ colher (sopa) de fermento químico em pó
1 colher (sopa) de polvilho doce
uma pitada de sal

recheio
1 fio de azeite
1 talo de alho-poró cortado em rodelas
1 xícara de resíduo de amêndoa
sal e pimenta-do-reino branca moída na hora a gosto
⅓ de xícara de passas sem caroço

1. Cozinhe a batata até ficar macia. Escorra a água do cozimento, mas reserve ½ xícara. Descasque a batata e passe pelo espremedor. Reserve.
2. Em uma tigela, coloque a água reservada, 1 xícara de farinha de arroz, o azeite, o fermento, o polvilho, o sal e a batata amassada. Amasse com as mãos até ficar homogêneo.
3. Junte a farinha restante aos poucos, sempre sovando até a massa soltar das mãos. Forme uma bola e reserve por 30 minutos. Abra a massa e a separe em quatro porções e, depois, cada uma ao meio. Abra cada porção sobre uma superfície lisa polvilhada com farinha de arroz. Com ajuda de um cortador redondo, corte os salgados e reserve.
4. Para fazer o recheio, leve ao fogo o azeite em uma frigideira e refogue o alho-poró até ficar transparente. Acrescente o resíduo e tempere com o sal e a pimenta. Mexa bem e junte as passas.
5. Preaqueça o forno a 180º C.
6. Recheie os discos de massa com uma colherada do recheio. Feche como um pastel, apertando a borda com ajuda de um garfo. Transfira para uma fôrma untada com azeite e polvilhada com farinha de arroz e asse por 35 minutos ou até dourarem. Vire na metade do tempo. Se preferir, prepare em uma fritadeira elétrica.

hambúrguer de grão-de-bico e quinoa

tempo de preparo 35 minutos
rende 6 unidades

2 xícaras de grão-de-bico demolhado e cozido
1 xícara de abobrinha brasileira picada
¼ de xícara de quinoa tricolor
1 dente de alho ralado
1 cebola picada
½ xícara de amaranto em flocos
sal, lemon pepper e pimenta-do-reino branca moída na hora a gosto
1 colher (chá) de cheiro-verde picado
1 ramo de hortelã picado

1. No processador ou liquidificador, bata o grão-de-bico e a abobrinha. Transfira para uma tigela e adicione os ingredientes restantes até dar liga. Molde os hambúrgueres.
2. Preaqueça o forno a 180 °C e ponha os hambúrgueres em uma assadeira untada com azeite. Asse por 30 minutos ou até dourarem. Vire na metade do tempo. Sirva.

hambúrguer de berinjela e cogumelos

tempo de preparo 35 minutos
rende 8 unidades

1 colher (sopa) de azeite
1 cebola picada
2 dentes de alho ralados
1 berinjela cortada em cubos
1 cenoura sem casca ralada
2 tomates, sem sementes, em cubinhos
100 g de cogumelos variados, limpos e picados
sal, pimenta síria e manjericão fresco picado a gosto
1 xícara de farinha de arroz
½ xícara de linhaça dourada

1. Numa panela, aqueça o azeite e refogue a cebola e o alho. Junte a berinjela e cozinhe, mexendo às vezes até começar a ficar macia. Adicione a cenoura, o tomate e os cogumelos e cozinhe até os legumes ficarem macios. Tempere com o sal, a pimenta e o manjericão. Espere amornar e transfira para uma tigela.
2. Adicione as farinhas e molde os hambúrgueres. Frite em uma frigideira antiaderente pincelada com azeite até dourarem.

pão de ervas com pasta temperada

tempo de preparo 45 minutos
rende 6 fatias

1 colher (sopa) de fermento químico em pó
½ colher (sopa) de açúcar demerara
½ colher (chá) de vinagre de maçã
4 colheres (sopa) de azeite
½ xícara de farinha de quinoa
1 colher (sopa) de polvilho doce
2 xícaras de amaranto
½ xícara de farinha de grão-de-bico
2 xícaras de água
½ colher (sopa) de ervas frescas picadas

1. Em uma tigela, ponha o fermento e adicione o açúcar. Misture bem e acrescente o vinagre. Junte os ingredientes restantes, pela ordem, mexendo a cada adição. Misture bem até formar uma massa homogênea.
2. Preaqueça o forno 180 °C.
3. Unte uma fôrma de bolo inglês, com fundo removível, com azeite e polvilhe-a com a farinha de grão-de-bico. Despeje a massa e leve ao forno por 35 minutos ou até que, ao espetar um palito, ele saia limpo. Espere esfriar, desenforme e sirva.

Este pão fica delicioso se for servido com resíduo de leite vegetal de oleaginosa, temperado com um fio de azeite, uma pitada de sal e de lemon pepper e algumas gotas de suco de limão-siciliano coado.

pratos com sustança
porque ninguém é de ferro

virado de couve com flocos de milho

tempo de preparo 15 minutos
rende 4 porções

1 fio de azeite
1 cebola picada
1 dente de alho ralado
1½ xícara de couve cortada em tiras finas
1 xícara de flocos de milho orgânico
½ colher (chá) de alho torrado e moído

Leve ao fogo uma panela com o azeite. Refogue a cebola e o alho ralado até ficarem transparentes. Junte a couve cortada em tiras finas. Mexa e cozinhe por 5 minutos. Acrescente os flocos de milho e mexa mais um pouco apenas para misturar. Não deixe muito tempo no fogo ou os flocos vão murchar. Polvilhe com o alho torrado e sirva imediatamente.

torta de legumes de liquidificador

tempo de preparo 55 minutos
rende 8 pedaços

recheio
1 fio de azeite
1 cebola pequena ralada
1 talo de alho-poró em rodelas
½ xícara de milho e ervilha descongelados
½ xícara de pimentões, sem sementes, em cubos
1 cenoura, sem casca, ralada
1 abobrinha ralada e bem espremida
sal, pimenta-do-reino branca moída na hora e noz-moscada ralada a gosto
¼ de xícara de azeitona verde, sem caroço, em rodelas

massa
2 colheres (sopa) de linhaça
6 colheres (sopa) de água
1½ xícara de leite de aveia
½ xícara de azeite
2 colheres (sopa) de tofu defumado ralado
uma pitada de sal
2 xícaras de farinha de trigo integral
1 colher (sopa) de fermento químico em pó
orégano a gosto para polvilhar

1. Antes de preparar o recheio, deixe a linhaça (para fazer a massa) de molho na água por 30 minutos.
2. Para fazer o recheio, aqueça o azeite em uma panela e refogue rapidamente a cebola e o alho-poró. Acrescente os legumes e cozinhe, mexendo rapidamente. Tempere com o sal, a pimenta e a noz-moscada. Misture bem os ingredientes restantes e cozinhe em fogo baixo, mexendo às vezes, por 10 minutos. Retire e reserve fora do fogo.
3. Bata no liquidificador a linhaça hidratada e os ingredientes restantes da massa, exceto a farinha de trigo, o fermento e o orégano. Transfira para uma tigela e adicione a farinha e o fermento. Misture bem.
4. Preaqueça o forno a 180 °C.
5. Espalhe metade da massa em uma fôrma retangular média untada com azeite e polvilhada com farinha de trigo. Cubra com o recheio. Por cima, disponha a massa restante.
6. Leve ao forno por 45 minutos para dourar ou até que, ao espetar um palito, ele saia seco. Espere esfriar, corte em quadrados e polvilhe com o orégano antes de servir.

batata suíça

tempo de preparo 25 minutos
rende 2 unidades

recheio
1 fio de azeite
1 talo de alho-poró em rodelas
¼ de xícara de tofu marinado e amassado
sal e pimenta-do-reino branca moída na hora
1 ramo de alecrim

batata-doce
2 batatas-doces grandes, sem casca, lavadas e raladas no ralo grosso
½ colher (sopa) de azeite
sal, alecrim e noz-moscada a gosto

1. Leve ao fogo o azeite com o alho-poró até ficar transparente. Junte o tofu e tempere com o sal, a pimenta e o alecrim. Cozinhe por 5 minutos em fogo baixo. Descarte o alecrim e reserve.
2. Para fazer a batata, seque-a com um pano de prato limpo e esprema para retirar o excesso de líquido. Aqueça uma frigideira, pincelada com azeite no fundo, e espalhe ¼ da massa de batata. Polvilhe com os temperos e ponha metade do recheio frio. Cubra com mais ¼ da massa de batata. Cozinhe por 10 minutos em fogo baixo e vire com cuidado para dourar do outro lado. Repita o procedimento com a massa e o recheio restantes e sirva.

empadão cremoso de palmito

tempo de preparo 1h30
rende 6 fatias

massa

1 xícara de farinha de trigo integral
½ xícara de farinha de arroz
⅓ de xícara de azeite
sal e pimenta-do-reino branca moída na hora a gosto
½ xícara de água
½ colher (sopa) de amido de milho
1 colher (chá) de fermento químico em pó
uma pitada de curry e de açafrão-da-terra em pó

recheio

1 fio de azeite
2 cebolas raladas
1 dente de alho ralado
200 g de palmito escorrido e cortado em rodelas
1 xícara de milho verde
½ xícara de azeitona verde, sem caroço, picada
1 xícara de creme de leite de castanha--de-caju (veja receita na pág. 10)
uma pitada de sal

1. Numa tigela, misture todos os ingredientes da massa e sove-a até soltar das mãos. Reserve na geladeira, envolta em filme de PVC, por 20 minutos.
2. Enquanto isso, prepare o recheio levando ao fogo em uma frigideira o azeite, a cebola e o alho. Refogue bem e adicione o palmito, o milho e a azeitona. Cozinhe por 5 minutos, mexendo às vezes. Ponha o creme de leite vegetal e o sal. Misture bem. Retire do fogo e deixe esfriar.
3. Preaqueça o forno a 180 °C.
4. Abra a massa sobre uma superfície lisa e polvilhada com farinha de trigo integral. Cubra então o fundo e as laterais de uma fôrma redonda e baixa com 20 cm de diâmetro, com fundo removível, untada e polvilhada com farinha, com parte da massa. Ponha o recheio frio e cubra com a massa restante, aberta da mesma forma. Corte o excesso de massa da lateral com uma faca.
5. Leve ao forno por 35 minutos ou até dourar. Espere amornar, desenforme e sirva.

Para deixar o empadão mais douradinho, pincele-o, antes de assar, com uma mistura de açafrão-da-terra, curry e azeite misturados.

feijão amigo

tempo de preparo 35 minutos
rende 4 porções

1 colher (sopa) de azeite
1 cebola picada
2 dentes de alho, sem casca, picados
1 xícara de feijão carioquinha cozido na água e sal
sal e pimenta-do-reino moída a gosto
uma pitada de cominho a gosto
uma pitada de louro em pó
1/3 de xícara de farinha de mandioca torrada
1/4 de xícara do caldo do cozimento do feijão
1/4 de xícara de cheiro-verde bem picado

Numa panela, aqueça um fio de azeite e refogue a cebola e alho até ficarem dourados. Adicione o feijão e cozinhe por 5 minutos ou até apurar bem. Tempere com o sal, a pimenta, o cominho e o louro. Misture bem. Acrescente a farinha e o caldo aos poucos, mexendo sempre. Ponha metade do cheiro-verde e misture delicadamente. Sirva em seguida, polvilhado com o cheiro-verde restante, e o tofu marinado, cortado em cubos, e empanado em gérmen de trigo (receita na pág. 9).

Se você gosta de linguiça vegetal vegana, à base de soja, adicione ao prato junto com o tofu.

minitorta cremosa de espinafre e tofu marinado

tempo de preparo 45 minutos
rende 4 unidades

massa
1/3 de xícara de óleo
1 xícara de farinha de trigo integral
1/3 de xícara de quinoa tricolor
sal e pimenta-do-reino branca moída na hora a gosto
uma pitada de lemon pepper

recheio
1 fio de azeite
1 cebola roxa picada
1 dente de alho, sem casca, ralado
1 xícara de espinafre higienizado
1 xícara de tofu fresco marinado e amassado (receita na pág. 9)
1/2 xícara de leite de aveia espesso
uma pitada de sal e noz-moscada
4 colheres (sopa) de tofu defumado ralado

1. Numa tigela, misture todos os ingredientes da massa até soltar das mãos. Reserve por 20 minutos.
2. Forre o fundo e as laterais de 4 forminhas com 10 cm de diâmetro e fundo removível untadas com óleo.
3. Preaqueça o forno a 180 °C.
4. Para fazer o recheio, leve ao fogo o azeite e refogue a cebola e o alho. Adicione o espinafre e cozinhe por 5 minutos. Acrescente o tofu e o leite vegetal. Misture bem e tempere com sal e a noz-moscada. Espalhe o recheio sobre a massa disposta nas forminhas.
5. Cubra com o tofu defumado ralado e leve ao forno por 35 minutos ou até dourar. Espere amornar, desenforme e sirva.

quibe de abóbora ao forno

tempo de preparo 55 minutos
rende 6 porções

700 g de abóbora japonesa sem sementes
1 colher (sopa) de azeite
1 cebola pequena ralada
1 dente de alho ralado
1 talo de alho-poró em rodelas
uma pitada de sal
½ colher (chá) de pimenta síria
uma pitada de pimenta-do-reino branca moída na hora a gosto
1 ramo de hortelã
½ xícara de nozes grosseiramente picadas
1 xícara de amaranto em grãos aferventado e escorrido
2 colheres (sopa) de gérmen de trigo
folhas de hortelã para decorar

1. Cozinhe a abóbora na pressão com pouca água até ficar macia, mas firme. Deixe sair a pressão, abra a panela e retire a casca da abóbora. Reserve.
2. Em uma panela, aqueça o azeite e doure a cebola, o alho e o alho-poró até ficarem transparentes. Ponha a abóbora e tempere com o sal e os temperos restantes, incluindo o ramo de hortelã. Misture bem e deixe no fogo baixo por 5 minutos. Descarte o ramo.
3. Preaqueça o forno a 180 °C. Adicione metade das nozes, o amaranto e o gérmen de trigo à panela. Misture bem até formar um purê homogêneo, que solte da panela.
4. Transfira a massa do quibe para uma fôrma média, untada com azeite. Espalhe a massa, alisando com as costas de uma colher. Leve ao forno por 30 minutos ou até começar a dourar. Retire do forno. Ao amornar, corte em pedaços e decore com as nozes restantes e as folhas de hortelã.

escondidinho de mandioquinha e shimeji

tempo de preparo 45 minutos
rende 6 porções

½ colher (sopa) de azeite
2 dentes de alho picados
1 talo de alho-poró em rodelas
2 xícaras de mandioquinha cozida sem casca amassada
½ xícara de caldo de legumes
sal, lemon pepper e chia a gosto

recheio
1 dente de alho ralado
1 fio de azeite
1½ xícara de shimeji higienizado e cortado em lâminas

1. Leve ao fogo o azeite e refogue o alho e o alho-poró. Acrescente a mandioquinha e o caldo. Tempere com o sal e o lemon pepper. Misture bem até formar uma massa que desgrude da panela. Reserve.

2. Para fazer o recheio, refogue o alho no azeite e acrescente o cogumelo. Cozinhe por 5 minutos.

3. Preaqueça o forno a 180 °C. Espalhe metade do creme de mandioquinha em uma assadeira ou panelinha que possa ir ao forno untada. Ponha o recheio e cubra com o creme restante. Polvilhe com a chia e leve ao forno por 15 minutos. Retire e sirva.

Glossário

Aprenda mais sobre alguns ingredientes e técnicas comuns à culinária, especialmente a vegana

agridoce é a união em uma mesma receita dos sabores ácido e doce. A origem é possivelmente asiática, região onde a mistura de sabores opostos é tradicional. Há versões comuns à base de azeite, vinagre balsâmico, melado, gengibre, sal e pimenta.

alcaparra de origem asiática, a alcaparra é um arbusto de pequeno porte que se adaptou a climas temperados. É usada há milhares de anos como condimento, produzido a partir dos seus botões florais, ricos em vitaminas A, B e C. A França é sua produtora mais famosa, mas também é bastante cultivada na Espanha, Itália, Argélia e Estados Unidos. A conserva é feita com vinagre e sal ou vinho. É muito usada em antepastos e saladas.

batata suíça ou rosti é um preparo tradicional suíço, espécie de omelete sem ovo. As batatas cruas, do tipo firme, são fatiadas fino ou raladas, depois dispostas em uma frigideira untada com óleo e azeite até dourar dos dois lados. Há versões recheadas.

bruschetta fatia de pão italiano servida grelhada, recoberta com molhos ou temperos esmagados, principalmente alho, azeite, sal, ervas aromáticas. É servida fria ou quente, geralmente como antepasto.

caldo verde um dos pratos mais tradicionais da culinária portuguesa, antigamente servido às classes menos favorecidas do norte do país. É um cozido de batata, cebola e alho, batido com água para formar um purê. Em seguida, junta-se a couve-galega cortada muito fino e ferve-se novamente. Em geral, é servido com gotas de azeite e pão. Em 2011, foi considerada uma das maravilhas gastronômicas de Portugal.

empadão prato semelhante a uma torta redonda, mas feito com a massa conhecida como massa podre. A origem vem da receita francesa de *pâte brisée* ou massa quebradiça. O empadão pode receber os mais variados recheios que são cobertos por uma "tampa" da mesma massa e levado para assar no forno.

escabeche conserva ou molho feito com cebola cortada em rodelas finas refogadas em azeite, aos quais se juntam tomate, legumes e outros temperos como alho, louro, pimenta, sal e vinagre. É tradicional da Espanha.

escondidinho o nome desse prato típico brasileiro vem do fato de "esconder" um alimento abaixo de uma grossa camada de purê, que pode ser de aipim ou de batata. Tradicionalmente, é recheado com refogados. Na versão vegana, o recheio mais comum é o de proteína texturizada de soja. A origem exata da receita é incerta, mas é atribuída principalmente a Pernambuco.

esfirra prato salgado e assado, de origem árabe. Chegou ao Brasil durante a imigração de sírios e libaneses, nos séculos XIX e XX. É popular no mundo todo. A massa é a mesma do pão sírio, cortada em rodelas que recebem refogados diversos e verduras. Na esfirra fechada, a massa é dobrada sobre o recheio em forma de triângulo.

especiarias são temperos ou condimentos secos, aromáticos de origem vegetal, que dão sabor e aroma especial aos mais diferentes alimentos, salgados ou doces. São produzidas a partir dos óleos essenciais de flor, fruto, sementes, casca, caule ou raízes. Estimulam a produção do suco gástrico. Entre as mais populares estão pimenta, noz-moscada, gengibre, endro, mostarda, cardamomo, cravo, canela e açafrão.

fava leguminosa semelhante a outros grãos, como a soja, a ervilha, o feijão e a lentilha, muito comum na Europa, principalmente Itália. Nasce dentro de uma grande vagem. Versátil, pode ser usada em sopas, saladas, cozidos e acompanhamentos. Podem ser adquiridas frescas ou congeladas.

fogazza parecida com um pastel ou calzone, é feita a partir de uma massa de farinha, azeite e fermento biológico e assada em forno ou frita. Pode receber recheios variados. Na verdade, é uma variação brasileira de receita criada por uma filha de italianos, na segunda década dos anos de 1970.

lentilha vermelha de grãos pequenos e achatados, essa leguminosa tem cozimento mais rápido e quando cozida fica de cor amarelada. Seu sabor é suave e adocicado. Rica em proteína e ácido fólico, possui baixo teor de gordura, trazendo inúmeros benefícios para a saúde. Hoje é facilmente encontrada em casas de produtos naturais.

pão folha tipo de pão achatado, originário do Oriente Médio, onde possui diferentes nomes. Sua massa não contém fermento e é feita apenas com farinha, água e açúcar.

pão sírio originado do Oriente Médio, Egito e Turquia, onde é chamado khobz, esse tipo de pão ficou conhecido no Ocidente como pita e no Brasil como pão sírio, trazido pelos imigrantes de origem sírio-libanesa. Tem formato de disco e sua massa é à base de farinha de trigo, fermento biológico, água morna, açúcar, sal e azeite.

portobello também conhecido como Pardo Gigante, devido ao seu tamanho, é uma variedade de cogumelo muito apreciada na França e Estados Unidos. Originário da América do Norte, é consumido fresco e com o píleo (chapéu) aberto. Seu aroma é ligeiramente mais forte e sua textura mais rígida do que a dos populares champignons.

quibe tradicionalmente é um bolinho cru ou frito, originário do Oriente Médio. Tornou-se popular na América do Sul, para onde foi trazido por imigrantes sírios e libaneses. Na culinária vegana as versões são feitas com legumes, soja ou tofu.

refogado técnica para preparar pratos salgados em pouca gordura quente, sem parar de mexer. É usada com alimentos bem picados, como legumes, ervas frescas e temperos diversos.

saltenha é um tipo de pastel assado, originário da Bolívia. Existem muitas variedades de saltenha, mas a massa básica é feita com farinha de trigo, gordura vegetal, açúcar, sal, colorau e água morna.

shimeji é considerado no Japão o mais saboroso dos cogumelos. De origem asiática, é produzido principalmente na China. Tem duas variadades dependendo do método de cultivo: o preto e branco.

shoyu é o molho de soja usado na culinária japonesa, embora sua origem seja atribuída à China. Seu principal uso é como tempero. Há versões com redução de sódio. É produzido a partir da fermentação de grãos de soja com trigo, água e sal marinho.

tahine pasta originária do Oriente Médio, feita a partir de sementes de gergelim descascadas, tostadas e moídas. É muito usado na culinária árabe, principalmente em prato como o homus, uma pasta de grão-de-bico, ou no babaganuche, à base de berinjela.

talos pouco aproveitados no dia a dia da mesa brasileira e geralmente descartados, os talos de legumes e hortaliças podem ser usados para compor pratos variados, com resultados surpreendentes. De bolinhos, molhos, patês e temperos a tortas e sucos, os talos enriquecem os pratos com seu valor nutritivo e sabor especial.

tofu defumado originário da China, o tofu tem aparência que lembra o queijo. Sua textura é firme. Quando defumado, seu sabor e aroma se acentuam. É usado como ingrediente em saladas e como base de vários pratos – de hambúrguer, por exemplo, a omeletes em versões veganas e nas quais é o ingrediente principal.

tomate seco originados no sul da Itália, tradicionalmente os tomates secos eram obtidos por secagem natural, ao sol, muitas vezes pendurados nas varandas das casas. Hoje, existem receitas caseiras para obter o mesmo resultado. Com a sua popularização, passou a ter a secagem feita por processo industrial, realizada em grandes fábricas. É usado em pratos variados como risotos, saladas, petiscos, massas, tortas, quiches e pizzas, entre outros.

virado prato típico da culinária paulista, à base de feijão cozido, bem temperado, misturado com farinha de milho ou de mandioca. Na culinária vegana, usa-se feijão, farinha de mandioca, cebola, alho, cheiro verde e sal a gosto. Registros indicam ter origem na época das expedições dos bandeirantes, que levavam na bagagem feijão cozido sem sal. Com o ritmo da cavalgada, tudo se misturava, formando um "virado".

wrap alimento em forma de disco fino e macio, de 20 a 30 cm, feito à base de farinha de trigo ou trigo integral e enrolado com recheios variados, como saladas, vegetais cozidos e molhos variados. Dispensa talheres. Por isso, é muito usado em refeições rápidas e saudáveis. Referências atribuem ser inspirado nas fajitas mexicanas, com versão criada na Califórnia.

Índice alfabético das receitas

aipim crocante 31
almôndegas de castanha-de-caju 56
batata rústica 39
batata suíça 119
bolinho de arroz 48
bolinho de feijão-preto com couve refogada 51
bolinho de talos 47
bolinho de tofu 55
bruschetta de cogumelo com alcaparras 35
bruschetta de tomate, pasta de azeitona preta e alho 32
caldinho de abóbora com especiarias 19
caldinho de feijão com tofu defumado e molho de pimenta 15
caldinho de milho com pesto de agrião 20
caldo verde 23
canapé de polenta com molho de alcaparras 86
coxinha de cogumelo 62
creme de leite de castanha-de-caju 10
croquete de lentilha vermelha 59
croquete de nozes com especiarias 52
empadão cremoso de palmito 120
empadinha cremosa de cebola e manjerona 69
escabeche de legumes 79
escondidinho de mandioquinha e shimeji 128
esfirra de escarola 60
espetinho de macadâmia com pesto de manjericão roxo 43

espetinho de tofu marinado e legumes ao molho de limão 36
feijão amigo 123
fogazza com recheio de amêndoas e passas 104
grão-de-bico assado com especiarias 40
hambúrguer de berinjela e cogumelos 108
hambúrguer de grão-de-bico e quinoa 107
ketchup caseiro 10
lanche de portobello com molho de tahine e shoyu 80
lanche de ricota de macadâmia e damasco 83
leite de nozes 9
minicuscuz de legumes 24
minitorta cremosa de espinafre e tofu marinado 124
molho cremoso de castanha-de-caju 8
molho de tomate caseiro 8
pão de ervas com pasta temperada 111
pãozinho de polvilho 70
petisco de batata bolinha e azeitona preta 76
pizza de abobrinha 99
pizza de rúcula com alho frito, azeitona e tomate seco 100
quadradinhos de tapioca com molho de pimenta agridoce 28
quibe de abóbora ao forno 127
refogado de cogumelos 84
rolinho de abobrinha italiana 75
saltenha de tomate e manjericão 66
sanduíche de fava com salada verde e molho de mostarda 90
sanduíche refrescante de tofu, pepino e hortelã 93
sopa cremosa de cebola com croûtons 16
tofu marinado 9
torta de legumes de liquidificador 116
virado de couve com flocos de milho 115
wrap de legumes 94

Compartilhe a sua opinião
sobre este livro usando a hashtag
#50PetiscosVeganos
nas nossas redes sociais:

/EditoraAlaude
/EditoraAlaude
/AlaudeEditora